AF357880

CATALOGUE

D'UN JOLI CHOIX

DE

DESSINS

ANCIENS & MODERNES

PROVENANT DU

Cabinet du Comte SUCHTELEN

ANCIEN AMBASSADEUR DE RUSSIE EN HOLLANDE ET EN SUÈDE

DONT LA VENTE AURA LIEU

HOTEL DES COMMISSAIRES-PRISEURS

RUE DROUOT, 5

SALLE Nº 3

Le Mercredi 4 Juin 1862

A UNE HEURE ET DEMIE

Par le ministère de Mᵉ **DELBERGUE-CORMONT**, Comᵣᵉ-Priseur,
rue de Provence, 8,
Assisté de **M. BLAISOT**, Expert, rue de Rivoli, 178,
Chez lesquels se distribue le présent Catalogue.

EXPOSITION PUBLIQUE

Le MARDI 3 Juin 1862, de une heure à cinq heures.

PARIS

RENOU & MAULDE

IMPRIMEURS DE LA COMPAGNIE DES COMMISSAIRES-PRISEURS

rue de Rivoli, 144.

1862

Mr de la Porte

CATALOGUE

D'UN JOLI CHOIX

DE

DESSINS

ANCIENS & MODERNES

PROVENANT DU

Cabinet du Comte SUCHTELIN

ANCIEN AMBASSADEUR DE RUSSIE EN HOLLANDE ET EN SUÈDE

DONT LA VENTE AURA LIEU

HOTEL DES COMMISSAIRES-PRISEURS

RUE DROUOT, 5

SALLE Nº 3

Le Mercredi 4 Juin 1862

A UNE HEURE ET DEMIE

Par le ministère de Mᵉ **DELBERGUE-CORMONT**, Comʳᵉ-Priseur,
rue de Provence, 8,
Assisté de **M. BLAISOT**, Expert, rue de Rivoli, 178,
Chez lesquels se distribue le présent Catalogue.

EXPOSITION PUBLIQUE

Le Mardi 3 Juin 1862, de une heure à cinq heures.

PARIS

RENOU & MAULDE

IMPRIMEURS DE LA COMPAGNIE DES COMMISSAIRES-PRISEURS
rue de Rivoli, 144.

1862

CONDITIONS DE LA VENTE

Elle sera faite au comptant.

Les acquéreurs paieront , CINQ pour CENT, en sus des adjudications.

DÉSIGNATION

DES

DESSINS

1. **Michel Corneille.** L'École d'Athènes. Beau dessin rehaussé de blanc.—**W. Martin.** Vue de Terracine. — **N. Poussin.** Quatre petits dessins à la plume.

2. **F. Zuccaro.** Études pour un frontispice.— **Panini.** Monuments en ruine. Deux beaux dessins à la plume.

3. **Rottenhamer.** Dessin à la plume et lavé. — **Penheimer.** Étude de forêt. — **J. Romain.** Présentation au Temple. Beau dessin à la plume rehaussé de rouge. Trois pièces.

4. **Winkelmann.** Deux dessins de bas-reliefs à la pierre noire. — **La Hyre.** Deux Amours. Joli dessin à la pierre noire, rehaussé de blanc.

5. **A. Carrache.** Sujet historique au lavis. (Collection du comte Suchtelen, ex-ambassadeur de Russie en Hollande et en Suède.) — **L. Marillier.** Un Sacrifice. Dessin à la sanguine.

6. **Greuze.** Un Portefaix. — **B. Graat.** Quatre dessins à la pierre rouge.

7. **Wynants.** Un paysage. — **J. Both.** Paysage au lavis. — **Kyp.** La villa Reale. Joli dessin à la mine de plomb.

8. **Boitard**. Repos de chasse. Charmant dessin à la plume et lavé. — **W. Martin**. Souvenirs de la côte d'Afrique, à l'aquarelle.

9. **Werryck**. Vue d'un village. — **Graat**. Deux dessins.

10. **A. Carrache**. Un homme dans la campagne. Dessin à la plume et fac-simile d'un dessin du même. (Collection du comte Suchtelen.) — **Kyp**. Vue de Naples. Dessin à la mine de plomb.

11. **Peronelli**. Repas champêtre. Charmant petit dessin à la plume et lavé. — **J. Ph. Hackert**. Joli paysage au lavis. — **Van Lao**. Une Sainte-Famille. Trois dessins.

12. **Leprince**. Amours musiciens. Charmant dessin à la mine de plomb. — **Veirotter**. Passage des Alpes. Très-joli dessin à la sanguine. (Collection Suchtelen.)

13. **Nattier**. Très-jolie tête de jeune fille aux deux crayons. — **Du Verger**. Paysage avec bestiaux. (Même collection.)

14. **Lahyre**. Amours, à la pierre noire. — **Nordgrist**. Très-joli paysage à l'aquarelle.

15. **E. Lesueur**. Belle étude au crayon rouge. — **R. Lafage**. L'Aurore. Joli dessin au lavis. (Collection du comte Suchtelen.)

16. **Séb. Bourdon**. Arthémise au tombeau de Mausole. Beau dessin au bistre rehaussé de blanc et signé. Deux anciens dessins chinois sur vélin. Trois pièces. (Même collection.)

17. **D. Camuti** Saint Sébastien. Très-beau dessin au lavis.

18. **V. Loo**. Portrait du cardinal de Rohan. (A été gravé). — **Werryck**. Deux très-beaux paysages à la pierre noire et lavis à l'encre de Chine.

19. **J. Ph. Hackert**. Vue du jardin l'Ulrichstal appar-
tenant au roi de Suède. Beau dessin au lavis. — **Natoire**. Étude de femme vue de dos. (Collection du
comte Suchtelen.)

20. **Valentin**. Combat entre des soldats et des paysans.
Dessin très-énergique aux divers crayons. — **B. Pi-
cart**. Quatre sujets de la Bible à la mine de plomb.
(Même collection.)

21. **Galli,** dit **Bibienna**. Vue intérieure d'un palais.
Magnifique dessin d'architecture à la plume et lavé.
(Même collection.)

22. **H. Roos** (Signé). Paysage avec animaux. Très-beau
dessin à la plume et lavé. (Même collection.)

23. **J.-G. Wille** (Signé 1777). Porte d'un château. Très-
beau dessin à la plume. (Même collection.)

24. **P. Bérétini**, dit **de Cortone**. Hercule au jardin
des Hespérides, avec la gravure de **F. Greuter**. Frontispice du livre : *Hesperides fide de malorum aureorum
cultura*. (Voir **Florent Lecomte**, tome 3, pag. 255)

25. **F.-J. Spadt** (Signé au dos 1703). L'Ascension. Beau
dessin à la plume. (Collection Suchtelen.) — **G. Martin**. Cristmas morning à Londres (Signé 1770). Carica-
ture à l'aquareile.

26. **Battista Franco** (Signé). Sujet historique. Très-
beau dessin à la sépia. (Collection Suchtelen.)

27. **Panini**. Deux dessins d'architecture à la plume.

28. **Janscha**. Vue de Luxembourg. Beau paysage à l'a-
quarelle. — **Knip**. Vue de Schœnbrun. Paysage fait
de la même manière.

29. **Coypel**. Charmante étude au pastel pour une Am-
phytrite.

30. **R. Lafage**. Passage de la mer Rouge. Très-beau dessin à la plume et lavé, avec la gravure de **G. Audran**.
(Collection du comte Suchtelen.)

31. **Doyen**. Etude pour un plafond. — **Lemoyne**. Etude pour une fontaine, à la pierre rouge. Charmantes compositions.

32. **Campagnola**. Un beau paysage à la plume. — **École italienne**. Un Apôtre, à la pierre rouge.

33. **Nordgrist**. Charmant paysage à l'aquarelle.

34. **Louis Bélanger**. (Signé au dos : Stockholm, 1810). Vue d'un parc. Beau dessin à la pierre noire. (Collection du comte Suchtelen.)

35. **Odoard Fialetti**, élève du Tintoret (Signé 1603). Un Calvaire. Très-belle composition à la plume. (Même collection.)

36. **Spranger**. Personnages à table. Dessin à la plume. — **R. Savery**. Un paysage.

37. **J. Both**. Un paysage. **Inconnus**. **École hollandaise**. Le Château Saint-Ange et un bas-relief. Trois pièces.

38. **R. Zémann**. Trois Marines, à la plume. — **De Witt**. Une Tête d'après l'antique. (Même collection.)

39. **A. Van Ostade**. Un boiteux et un homme assis. Dessin à la plume.

40. **P. Caliari** dit **Véronèse**. Saints adorant la Vierge. Très-beau dessin à la plume, lavé de bistre, avec rehauts de blanc. (Collection du comte Suchtelen.)

41. **Waterloo**. Un paysage, à la pierre noire. — **Waltrave**. Croquis à la plume. — **Pater**. Belle étude d'homme debout, à la pierre rouge. (Collection du comte Suchtelen.)

42. **G. Hoch**. Un paysage aux deux crayons. — **Holbein**. Étude d'homme. — **Natoire**. Amours aux deux crayons. (Même collection.)

43. **P.-P. Rubens**. Martyre d'un saint, à la pierre rouge. — **Van Veen**. Croquis à la plume. (Même collection.)

44. **P. Véronèse**. Étude de plafond. — **Van Uliet**. Jôli paysage à la sépia. **Waterloo**. Etudes d'arbres.

45. **Brici**. Les Armes d'Achille. — **L. Marillier**. Martyre de saint Stéphen.

46. **Polidore Caldara**. Un Cortége romain. Très-beau dessin à la plume lavé et rehaussé de blanc. (Collection du comte Suchtelen.)

47. **Ch. Schwartz**. L'Adoration perpétuelle. Très-beau dessin à la plume et lavé de bistre. (Même collection.)

48. **J. Pipi**, dit **le Romain**. Le Christ au tombeau. Dessin à la plume. — **Waltrave**. Un Festin. Croquis à la plume.

49. **Van der Ulft** (Signé). Vue de Rome. Très-beau dessin au pinceau. (Collection Suchtelen.)

50. **Farinato**. Le Buisson ardent. Beau dessin à la plume lavé et rehaussé de blanc. — **J. Jordaens**. Mercure et Argus, à la pierre noire. (Même collection.)

51. **G. Van de Velde**. Une Barque. — **Salfleven**. Un paysage. (Même collection.)

52. **W. Schilling**. Une Marine, à la pierre noire.

53. **P. Potter**. Etude d'un taureau derrière une vache. Très-beau dessin à la pierre noire.

54. **H. Roos**. Marche d'animaux. Très-beau dessin à la plume et lavé. (Collection du comte Suchtelen.)

55. **C. Bloemart**. Baptême du Christ. Beau dessin à la plume lavé d'encre de Chine et d'indigo. (Même collection.)

56. **Lucas**, dit **Cranach**. Jésus devant Pilate. Très-curieux dessin à la plume lavé de bleu et rehaussé de blanc sur écorce d'arbre.

57. **Le Gangiage**. Présentation au Temple. Dessin à la plume. — **R. Savery**. Paysage à la plume. (Collection Suchtelen.)

58. **Raphael Sanzio**. Trois hommes debout. Très-beau dessin à la plume et légèrement lavé. (Collection du grand-duc de Toscane.)

59. **E. Lesueur**. Loth et ses filles. Beau dessin à la plume. Au verso, répétition du même dessin traité différemment. — **An. Carrache**. Beau paysage à la plume. — **Salviati**. Un homme dansant. Dessin au bistre. (Collection du comte Suchtelen.)

60. **Passignano**. Vision d'un saint. Curieux dessin à la plume et lavé. — **Curia**. Figures emblématiques. (Même collection.)

61. **H. Rigaud**. Belles études de draperies, à la pierre noire, rehaussées de blanc sur papier bleu. — **Van der Cabel**. Paysage à la plume. — **Zémann**. Une Marine.

62. **Moreau**. Beau dessin au lavis pour un frontispice. — **Schalch**. Un cheval à la main.

63. **Verdier**. Baptême du Christ. Très-beau dessin lavé à l'encre de Chine. (Collection du comte Suchtelen).

04. **Fiorillo**. Bacchus et Ariane. Beau dessin, signé. — **Schalch**. La Course.

65. **Lemoine**. Crucifiement. Très-beau dessin au lavis. (Même collection.)

66. **Donkers**. Combat de guerriers romains. Beau dessin à la plume. (Même collection.)

67. **Marcellis**, dit **le Furet**. Études de plantes au lavis.

68. **Palamèdes**. Un Festin. Curieux dessin rehaussé de blanc. **R. Zémann**. Une Marine, à l'encre de Chine.

69. **Rembrandt**. Résurrection du Lazare. Très-beau dessin à la plume et au bistre.

70. **Van Gol**, célèbre amateur d'Amsterdam. Deux charmantes Marines au lavis.

71. **Hondius**. Joli dessin à la plume. — **Moucheron**. Un paysage. — **Luyken**. Deux dessins à la mine de plomb.

72. **Kuypers**. Charmant paysage à l'aquarelle.

73. **G. Honthorst**. Sujet historique à la plume. — **Goltzius**. Croquis à la plume. — **Everdingen**. Paysage à la pierre noire.

74. **Klotz**. Deux paysages à la plume. — **V. Eckout**. Le Sauveur du monde, à la plume. — **Both**. Une tour. Quatre pièces.

75. **J. Ph. Hackert**. Paysage au lavis. — **J. Both**. Un paysage. — **Inconnus**. Deux paysages.

76. **Rembrandt**. Deux têtes d'homme à la sépia.

77. **Pajou**. Une marine. Très-beau dessin à la plume. (Collection Suchtelen.)

78. **A. Van Dyck.** Portrait de Rubens, à la plume et lavé. Ce beau portrait a été gravé par Pontius.

79. **F. Zustris**. Jésus donnant les clés de l'église à Saint-Pierre. Très-beau dessin à la plume et lavé.

80. **F. Boucher**. Deux amours. — **Spadt**. Ensevelissement du Christ. Beau dessin à la plume. (Collection du comte Suchtelen.)

81. **Taddeo Zuccaro**. (Signé.) Un plafond. Superbe dessin à la plume et lavé. — **A. Carrache**. Sujet historique. (Même collection.)

82. **Ecole Italienne**. Nymphes et Satyres. Beau dessin à la pierre rouge rehaussé de blanc. — **An. Carrache**. Figure emblématique à l'encre de Chine, sur papier bleu.

83. **W. Hogarth**. Une vue de Londres, aux divers crayons.

84. **L. Carrache**. Étude de plafond, à la plume et lavée. (Collection Mariette et comte Suchtelen.)

85. **P. P. Rubens**. Étude de tête. Superbe dessin aux divers crayons. (Collection du comte Suchtelen.)

86. **André Martigna**. Sujet historique. Très-beau dessin à la plume et lavé. (Même collection.)

87. **F. Sneyders**. Une chasse. Très-beau dessin à la plume fait dans la manière rapide et habile de ce maître. Le Blanc. *Hist. des Peintres.* (Même collection.)

88. **Inconnu. Ecole Italienne.** Massacre des prêtres païens. Beau dessin à la plume. (Même collection.)

89. **P. Potter**. Étude d'un bœuf. — **Inconnu.** Vue du Bosphore. Jolie aquarelle.

90. **Rembrandt**. Études de têtes. Deux dessins à la sépia.

91. **Josué** dit **Graves**. Très-joli paysage à la plume. (Collection Suchtelen.)

92. **R. Taraval**. (Signé 1740.) Bacchus et Ariane. Délicieuse composition de ce maître, à la plume et lavé.

93. **N. Ozanne**. Vue d'un port. Très-joli dessin au lavis. (Collection du comte Suchtelen.)

94. **Zalfleven**. Vue du Rhin. Très-beau paysage à l'aquarelle. (Même collection.)

95. **L. Carrache**. Études de plafond. Deux très-beaux dessins à la plume et lavés. (Collections Mariette et Suchtelen.)

96. **G. Van de Welde**. La poupe et la proue d'un vaisseau. Beau dessin au lavis.

97. **Gaspre Dughit** dit **Poussin**. Superbe paysage à la plume. (Collection Suchtelen.)

98. **A. Van Dyck**. Le repentir de Saint-Pierre. Très-beau dessin à la plume et lavé de bistre. (Même collection.)

99. **L. Van Uden**. (Signé.) Charmant petit paysage à la plume, d'une finesse admirable.

100. **Wallerans Vaillant**. (Signé 1650.) Superbe portrait d'homme aux deux crayons. Ce portrait d'une grande beauté est d'une conservation extraordinaire. (Collection du comte Suchtelen.)

101. **Bartholomeo Breenberg**. (Signé, 1629.) Vue d'un lac. — **Bracciano**. Magnifique dessin à la plume et lavé, où le maître s'est représenté dessinant. Voir la légende. (Même collection.)

102. **F. Synders**. Un valet entouré de chiens sonnant du cor. Très-beau dessin à la pierre noire sur papier bleu. (Même collection.)

103. **Van Goyen**. Joli paysage à la pierre noire. (Même collection.)

104. **Gustave Adolphe, Roi de Suède**.

On lit au dos :

« Fait par le jeune prince royal de Suède (depuis Gustave IV, « Adolphe), et présenté au roi son père le jour de sa fête. On y voit « les corrections de son maître de dessin, M. **Marillier**. Le roi « Charles XIII trouvant ce dessin, sans en faire apparemment grand « cas, le donna à Mlle Marianne de Koskal, qui le donna à son « frère M. le colonel André de Koskal, lequel a bien voulu m'en « faire cadeau. Stockholm, ce 10 avril 1823 (signé) comte *Suchtelen*. « L'allégorie dans le goût de Marilliez est assez claire pour pouvoir « se passer d'explication. »

(Collection du comte SUCHTELEN.)

105. **F. von Bréda**. (Signé et avis autographe du roi Charles XIII, de Suède.) Esquisse à l'aquarelle du tableau du couronnement de ce roi. (Même collection.)

106. **N. Ozanne**. Vue d'un port. Charmant dessin au lavis. (Même collection.)

107. **J. Schomfeld**. (Signé.) Très-beau dessin. Sujet mythologique au bistre. (Même collection.)

108. **J. van Ostade**. Une rue d'un village, en Hollande. Très-beau dessin à la plume et lavé. (Même collection.)

109. **G. van de Welde**. Un vaisseau. Magnifique dessin au lavis.

110. **Buys**. Le Christ au tombeau. Beau dessin au lavis d'encre de Chine.

111. **F. Millet**. Sujet mythologique. Curieux dessin à l'aquarelle. (Même collection.)

112. **H. Fragonard**. Histoire de Latonne. Joli dessin à la plume et lavé. — **Graat**. Silène. Dessin au crayon rouge.

113. **F. Boucher**. Esquisse de son tableau des forges de Vulcain. Beau dessin à la pierre noire. (Collection du comte Suchtelen.)

114. **Van Artois**. Joli paysage à l'aquarelle. — **Périn**. L'orage. Dessin à la pierre noire. (Même collection.)

115. **Willams Hamilton**. Nature morte. Joli dessin à la plume. — **Le Chevalier Lelly**. Passage de la mer Rouge. Dessin à la plume et au bistre, avec rehauts de blanc. (Même collection.)

116. **Ch. Lebrun**. Le massacre des Innocents. Belle composition au lavis. Au verso, Esquisse du serpent d'airain. (Même collection.)

117. **Ant. van Dyck**. Tête d'un Saint en adoration. Superbe dessin à la pierre noire. Cette magnifique esquisse mérite toute l'attention de MM. les amateurs. (Même collection.)

118. **Winkelmann**. Un bas-relief. Beau dessin à la sépia rehaussé de blanc. (Même collection.)

119. **Polidore Caldara**. Un triomphe. Beau dessin à la plume et lavé. (Même collection.)

120. **P. Véronèse**. Un festin. Beau dessin à la plume et lavé. (Même collection.)

121. **Lemoine**. Groupe d'amours. Très-joli dessin à la pierre noire rehaussé de blanc. (Même collection.)

122. **Van der Ulft**. (Signé.) Vue de Rome. Très-beau dessin au pinceau. (Même collection.)

123. **Parrocel**. Un char de cavaliers. Très-jolie aquarelle.

124. **J. Pipi** dit **Jules Romain**. Une descente de Croix. Très-beau dessin à la plume. (Même collection.)

125. **H. Meyer**. (Signé 1766.) Charmant paysage à la sépia, avec figures et animaux. (Même collection.)

126. **Carlo Maratto**. L'Annonciation. Superbe dessin à la pierre noire, rehaussé de blanc sur papier bleu. La finesse et la beauté de la tête de la Vierge sont dignes du célèbre peintre des Madones. (Même collection.)

127. **P. P. Rubens**. Étude pour la tête d'un Cardinal. Magnifique dessin aux divers crayons. (Même collection.)

128. **W. van Mieris**. Le jugement de Pâris. Superbe dessin à la pierre noire. (Signé, 1705.) Un des plus beaux dessins connus de ce maître. (Même collection.)

129. **N. Berghem**. Paysage avec animaux. Très-joli dessin à la pierre noire.

130. **Raphael Sanzio**. Une tête de Vierge. Très-beau dessin à la sanguine. (Collections Josué Reynolds et comte Suchtelen.)

131. **Drolling**. L'heureux ménage. Délicieux dessin à la plume et lavé. (Signé.) Collection du comte Suchtelen.

132. **P. Rembrandt**. Tête d'homme, etc. Très-jolis dessins à la pierre noire et lavis. (Même collection.)

133. **Melchior Lorch**. (Sur le pilastre, à droite, le monogramme du maître et la date 1552.) Ce très-beau et curieux dessin, contenant plusieurs centaines de figures, et d'une conservation extraordinaire, est digne d'être placé à côté des plus beaux dessins d'Albert Durer ; il a coûté 85 florins (environ **200 fr.**) il y a près d'un siècle. (Même collection.)

134. **Ant. Waterloo.** Entrée de forêt. Paysage aux deux crayons.

135. **Elias Martin.** (Signé.) Vue d'un port. — **R. Taraval.** Diane entourée de chiens. Joli dessin à la plume et lavé. (Collection Suchtelen.)

136. **Math. Kager.** (Signé.) Une Nativité. Très-joli petit dessin à la plume et lavé.

137. **Moreau le jeune.** (Signé, 1774.) Vue d'une place publique. Joli dessin à l'aquarelle.

138. **Ant. Waterloo.** Étude d'arbres, à la plume. — **J. Ruysdael** (Attribué à.) Joli paysage au lavis.

139. **Diest, Turwesten, Graat.** Six dessins.

140. **L. Bramer.** Esther devant Assuérus. Dessin à la plume et lavé. **Ph. Wouverman.** Cavaliers à la porte d'une auberge. (Collection du comte Suchtelen.)

141. **R. Zémann.** Denx Marines. — **Livens.** Un paysage. — **Rademaker.** Un paysage. Quatre pièces.

ESTAMPES

142. **Durer** (ALBERT). La Vierge au Papillon. Très-belle épreuve, de la collection Simon.

143. — Saint-Hubert. Très-belle épreuve, provenant de la même collection.

144. **Rembrandt.** Jésus chassant les vendeurs du Temple. Très-belle épreuve du 1er état. Vente Simon.

145. **Guidi** (RAPHAEL). Saint-Gérôme. Superbe épreuve.

146. **Kruyer** (THÉODORE). La Cène, d'après André del Sarte. Très-belle épreuve (Rare).

147. **Mogalli**. Sainte-Famille, d'après le Corrége, Apollon et Marsys (4 précieuses épreuves avant la lettre).

148. **Ostade** (ADRIEN VAN). La Sainte-Famille. Très-belle épreuve du 2e état (Collection van den Zhande).

149. Sous çe numéro seront vendus plusieurs lots de dessins anciens et d'aquarelles de l'école moderne ; quelques estampes, livres et catalogues d'estampes ; catalogue de l'œuvre de J. Callot, par M. Meaume ; catalogue des dessins de D'Argenville ; catalogue de Basan, par Regnault de la Lande. Un nombre considérable d'études gravées d'après les Tableaux des grands maîtres ; elles appartenaient à feu Fasman ami de Prud'hon et ancien professeur de dessin à Versailles.

RENOU et MAULDE, Imprimeurs de la Compagnie des Commissaires-Priseurs, rue de Rivoli, 144.   12578